SEC ET LEGER

suivi de

La vitesse de l'arbre

Hélène MASSIP

SEC ET LEGER

suivi de

La vitesse de l'arbre

© 2018 Hélène Massip

Photo de couverture : Hélène Massip

Edition : BoD - Books on Demand
12/14 rond-point des Champs Elysées
75008 Paris
Imprimé par BoD – Books on Demand, Norderstedt
*ISBN : 978-2-**3221-4488-4***

Dépôt légal : **Octobre 2018**

Pour Patrick
avec la terre vive, nous nous aimons

SEC ET LEGER

retour à la maison
j'écris des souvenirs
les violettes s'ouvrent en nappes sur les talus
les deux camélias du jardin sont épanouis
les yeux de ma mère, toujours du même bleu

branche du prunus
pendante
comme une offrande basse
chargée de fleurettes blanches, de petites
feuilles pointues,
d'abeilles bourdonnantes
à la merci du prochain vent

La fenêtre de la chambre donne sur une superposition des collines boisées. On ne voit pas la rivière, en contrebas. En face de la maison, un terrain de sport récent et un boulodrome, sur le site de l'ancienne gare. Au tout premier plan, la partie basse du jardin, l'épicéa très haut que j'ai planté enfant. Enchâssement des verts et des balancements au vent : olivier, cade, bambous, laurier-rose.

Les rideaux bleus défraichis ont été retirés. Reste le voilage blanc qui les doublait, jauni et piqué. On y trouve des araignées ou de petits coléoptères.

Le grand lit acheté par ma mère après mon mariage a pris la place du lit d'enfant aux pieds de bois, à la tête haute couverte d'une tapisserie aux motifs floraux - une réalisation maison - tapisserie que l'on retrouve sur le dossier et l'assise de la chaise ancienne, où l'on n'ose plus s'asseoir par risque d'effondrement. D'autres tapisseries au mur, patiemment fixées sur des panneaux de bois. Dans la régularité de la ribambelle des petits clous à tête noire, les gestes précis de ma mère.

L'armoire en chêne gigantesque dont la corniche frôle le plafond descend en droite ligne du côté paternel. Le fin secrétaire marqueté, aux pieds courbes, à la clé ouvragée, en droite ligne du côté maternel.

intense amaigrissement
mourir sec et léger
souffrance de petit bois
qu'on casse
nid des doigts
serrés par la douleur

Des souvenirs colorés chahutent sur le lit dans le patchwork réalisé par ma mère dans sa période patchwork. Une longue jupe à volants, vert vif, à petites fleurs blanches, confection maison, grâce à laquelle j'ai obtenu quelque temps le surnom de « petit pois » au collège. Un bustier d'été, rouge à motifs noirs, acheté à Londres avec des copines étudiantes, poitrine menue cachée sous le sage coton rehaussé de dentelle. Un chemisier rose fait sur mesure à l'île Maurice, premier amour défait.

Entre les lames du parquet quelques perles perdues, minuscules, coincées là, résistant à l'aspirateur depuis ma période tissage de perles.

Trois tiroirs à la table de nuit. Une photo de mon père lisant, assis dans un fauteuil de l'entrée, prise par moi, glissée là après sa mort. Approcher les vivants, approcher les morts, on fait ce qu'on peut.

Sur la table de nuit une lampe de chevet avec un abat-jour en papyrus peint à la peinture acrylique, fait par ma mère dans sa période culture, découpe, traitement, pressage, peinture de papyrus.

Une vaste table d'atelier au plateau couleur crème, aux solides pieds circulaires, trouvée par moi chez Emmaüs. Une vilaine étagère en métal, chargée de livres, récupérée dans le cabinet médical.

Au mur, une tapisserie bleue, reproduction de la chouette de Bernard Buffet, réalisée par moi dans ma période moi aussi je fais des tapisseries comme ma mère.

Un lustre doré avec trois lampes en forme de bougies, hautes et fines ampoules en verre dépoli, sauf une, où brille un filament.

Quelques toiles d'araignées, de la poussière, des vers à bois qui s'acharnent à réduire la grosse armoire en poudre.

vivre encombré
mourir encombré
plus longue que la nôtre
la lente agonie
de nos armoires pleines

Au sortir de la chambre, à droite, un placard sans lumière. Chaussures glissées dans des racks de part et d'autre, ou empilées dans des boîtes sur l'étagère sous le plafond. Sur une tringle, quelques vêtements de secours, imperméables, vestes en polaire, oubliés là. Un jour, ma mère a lancé dans cet espace noir une culture de champignons de Paris dans des bacs en polystyrène emplis de terreau sombre. Stupeur des pieds et têtes blanches, haut levés, face à la porte ouverte par l'étudiante de retour un week-end, à la recherche d'anciennes ballerines dorées.

Dans le couloir, un miroir mural tenu par des fixations ronde couleur argent, à moitié traversé par une fêlure noire due à je ne sais quelle lointaine fausse manœuvre. Il reçoit la lumière de la salle de bains.

Adolescente, je prenais de longs bains chauds, fenêtres ouvertes sur le soleil et le bruissement des arbres.

amie,
te rejoindre
à cet instant où tu l'as vue
hérissée de tuyaux
branchée, mesurée, liée,
perdue

Le couloir mène à la porte close de la chambre des parents. Espace privé. Moquette gris perle. Armoire et lit en bois clair. Une tapisserie au mur, grande licorne à la crinière et aux sabots de feu, feuillages d'automne, nuages bleus, lapin aux longues oreilles courant dans l'herbe rouge, oiseau au plumage de parade, scène colorée, foisonnante, magique. Des reproductions d'œuvres de grande taille de Jean Lurçat, il y en a sept autres dans la maison. Je pense aux heures penchée sur l'ouvrage, au panier d'osier empli d'écheveaux de laine aux teintes numérotées, retenus par leur anneau noir de papier raide. Aux aiguillées. Au patient remplissage, demi-point par demi-point. A la contemplation. A la montée en teinte du motif. Pas de la création, non, une fraternité avec le créateur. Une ouverture à son chant. A son monde fabuleux jaillissant entre jour et nuit, entre arbres et oiseaux, bêtes de fables, dansantes, galopantes, personnages costumés aux allures végétales, soleils radieux aux rayons de feu souples comme des serpents rouges. Lunes. Mandolines. Mimétisme tactile, visuel, temporel. Les hauts murs blancs de la maison vibrent de ce chant chatoyant, de ces jardins cosmiques où la vie foisonne, libre, belle, entre lumière et ombre.

Du côté inoccupé du lit, dans le tiroir de sa table de chevet, sa montre, son alliance, ses papiers d'identité.

Le soir mon père se couchait tard. Il laissait ses chaussures à l'extérieur de la chambre, près de la porte. Le matin, il se levait en trombe, au tout dernier moment, avec de plus en plus de difficultés pour s'extraire du sommeil trop court. Une fois, par jeu, j'ai glissé des coquilles d'œuf dans ses souliers. Ça l'a fait rire. Nous faisions des blagues, mais nous connaissions très bien la limite à ne pas dépasser. Un peu de provocation, un peu d'impertinence. Un peu de sel, pas de vinaigre. Susciter l'amusement, pas la colère.

ami,
tu as fait de ton bras
une stèle tatouée
pour tes enfants vivants
pour ton enfant morte
pour sa fille si vive
au bureau
tu portes des manches longues

Le couloir tourne à angle droit. Sur toute la hauteur de son mur le plus long, un placard, si mal conçu par le menuisier que, lorsque qu'on fait coulisser les portes en accordéon, on se trouve le nez face aux montants de bois. Les livres les plus éloignés sont inaccessibles, coincés au bout des étagères. Il faut déplacer, déranger les volumes, les poser au sol, attirer à soi celui qu'on croyait être le bon, voir que l'on s'est trompé, recommencer.

En face du placard, la chambre de mon plus jeune frère. Espace privé. Effluves de tabac blond. Silence. Concentration dans la lecture.

Je garde dans un album une photo pâlissante. C'était un jour où je « surveillais le téléphone ». Je restais à l'intérieur de la maison, pour prendre les appels et accueillir les personnes qui sonnaient à la porte du cabinet médical, en bas, ou à la porte du haut, chez nous. Ce matin-là, Jean s'amusait à me déranger en sonnant à l'une ou l'autre porte. Nous avions l'habitude de nous précipiter pour répondre : le téléphone s'interrompait parfois dès la troisième sonnerie (oh, j'ai appelé le docteur, mais il n'y avait personne...). Courir aussi vers la porte, pour ne pas faire attendre. En alerte. On ne savait jamais ce qu'on allait trouver, quel discours, quelle urgence, quelle impatience, quelle peur (un jour, une morsure de vipère, les deux points très nets des crochets dans un mollet blanc). Ce matin-là, je m'étais déjà élancée trois fois vers des portes désertes. J'entends à nouveau les deux notes de la sonnette du haut. Je me penche à la fenêtre de ma chambre, appareil photo en main. Mon frère attendait caché en haut des escaliers, le dos plaqué contre le crépi blanc, s'aplatissant de son mieux, un sourire malicieux aux lèvres. J'aime mon petit frère d'un grand amour de grande soeur ! Je dis toujours « mon petit frère », malgré sa haute taille, sa carrure et son indépendance d'esprit.

les dents
de ton sourire
ensalivées
par une indéchiffrable
dernière parole

Au plafond du couloir, une trappe de bois ouvre sur les combles. Une échelle coulissante en bois clair en descendait. Elle a été retirée. Le mécanisme s'est cassé. Je me souviens d'un long fou-rire avec mon père sur cette échelle, alors que nous hissions maladroitement un gros rouleau de laine de verre. Le rouleau nous échappait, se tordait, commençait à s'ouvrir. Je poussais. Il tirait. Un jeu de mot stupide en plein effort a eu raison de nous, et du rouleau, qu'il nous fallut, tant bien que mal, rembobiner. Depuis, l'isolation du toit a été refaite avec un autre matériau. Des souris, je crois, ou des mulots, avaient fait leurs nids, creusé des galeries là-haut. On entendait leurs courses nocturnes. Je n'étais pas là.

au four ton corps
passe en un clin d'œil
de la dépouille à la cendre
long cercueil de bois clair et lisse
petite urne de métal bombée, brûlante
volume
de nos malentendus
refusant leur sort
mémoires ignifugées
cœurs troués

Entre le couloir des chambres et le hall d'entrée, une porte avec une vitre en verre épais, alvéolé, déformant.
Au cœur de la maison, le meuble haut du téléphone – aujourd'hui nous y posons nos portables – sous un oiseau en tenue de parade, vol en spirale, de Jean Lurçat.

En pleine nuit le téléphone sonne, strident, impérieux. Ma mère se lève la première. Dans leur répartition des rôles, c'est elle qui répond. Elle décroche. Se fait expliquer au mieux la raison de l'appel, le lieu, l'itinéraire. Elle rend compte à mon père qui s'habille déjà. J'entends la porte du garage qui frotte sur son rail. La voiture sort, manœuvre, accélère, seul véhicule audible dans la campagne nocturne. Parfois, je l'entends revenir, parfois je me rendors. Il est peut-être parti tout près, dans le village, ou loin, dans un hameau, une ferme isolée, bien au-dessus de la vallée. Il cherchera peut-être sa route à des carrefours sans éclairage, tentant de déchiffrer des panonceaux usés, rouillés. L'hiver, ce devait être difficile, surtout les premières années, avant qu'il ne connaisse chaque route, chaque chemin de ce fragment d'Ardèche, de la vallée aux plateaux. Cette fois-ci, il n'est peut-être pas parti sur un lieu d'accident : la sirène du village n'a pas sonné.

Un jour sans y penser j'imite le son de la sirène du village, toute à mon jeu de souffle long et de sons montant ronds vers des aigus vastes et vibrants. Ample chant de l'alarme. Appel vers une urgence feinte.

empreinte
de doigts humides
sur l'oreiller
de l'œil encore ouvert suinte
une larme
vide

Le téléphone, il fallait en permanence que quelqu'un le garde à portée d'oreille. Le plus souvent, c'était ma mère. Nuit et jour. Avec des gardes un dimanche sur deux au début, un dimanche sur trois ensuite. Territoire démultiplié de vallées, de plateaux, de combes, de villages, de lieux-dits, de familles, d'enfants, de solitaires. A l'époque, à la campagne, quand on faisait venir le médecin, il y avait une bonne raison. L'été, la population des campings changeait la donne.

Des courses démarrées au fond du jardin s'arrêtaient net, la main tendue vers le combiné retombait : un impatient venait de raccrocher. On s'en voulait d'avoir raté l'appel. On reprenait, aux aguets, la tâche interrompue.

jardin du chalet sous les étoiles
à chaque sommet une épiphanie
un été avant sa mort
il savait sans vouloir savoir
pleurait
cachait
luttait sans se soigner
contre l'évidence

il s'en est fallu de peur
que tu ne sois sauvé
mon père affolé

Je m'éveille par la peau. Une vibration sourde, continue, percute la périphérie de mon corps. Une ambulance stationne devant la maison, moteur au ralenti. Ma chambre est au-dessus du cabinet médical. Un gyrophare fait pulser les fentes des persiennes. Voix masculines. Il n'y a eu ni sirène, ni coup de sonnette. Un peu d'agitation. Tout-à-coup, une voix forte, menaçante, alcoolisée : « Massip, si tu me piques, je te tue ! ». J'ouvre les yeux. Corps immobile dans le lit. Peur d'un geste violent, coup de poing, coup de pied, coup de tête. Mon père n'est pas costaud. Je sais qu'il n'est pas seul. Avec lui, sûrement au moins deux secouristes, ou deux pompiers, ou deux gendarmes. L'homme crie à nouveau, la même phrase. Un peu plus tard, j'entends coulisser une porte métallique, claquer deux portières. Le bruit de moteur s'éloigne. Le silence revient. J'entends les pas de mon père qui remonte par l'escalier intérieur. Je pense au picador et au taureau vaincu. Jeune mon père aimait la corrida, aficionado aux arènes de Nîmes. Le lendemain, je ne saurai rien de plus de l'événement nocturne.

l'air
de ton dernier
soupir
circule encore
morcelé
molécules de mémoire
ballotées dans l'atmosphère

Sur un mur de l'entrée, entre un vaisselier ancien et la porte du salon, une croix huguenote sur un tapis mural, brins de laine noués, point par point, par ma mère, seul signe tangible de cet ancrage familial.
Dans un chaudron de cuivre, sur une table en demi-lune, un bégonia aux grandes feuilles circulaires, douces.

La chambre de mon frère. Espace privé. De grandes affiches publicitaires. Des dizaines de tickets de concerts sur le côté d'une armoire. Plusieurs photos de James Dean, toujours jeune, sont encore punaisées aux murs. Un air de ressemblance ?

Au-dessus de la porte de la cuisine, l'agrandissement d'une photo argentique – un coucher de soleil – collé sur du carton épais, suspendu par un fil métallique. Il a reçu quelques gouttes définitives de peinture blanche, un jour où ma mère a rénové le plafond et les murs. Son mouillé du passage du rouleau, énergie de du bras. Tout son corps au travail, dans chaque pièce de la maison.

béance
respiratoire
trou laryngé
voie de secours
sous ton regard brûlant

Une nuit d'orage, tu lisais à la cuisine, sous la lumière du néon, roman ouvert sur la table blanche. La foudre t'a précipité au sol, a stoppé net le frigo et les lampes. Je t'ai trouvé pâle perdu errant dans l'entrée sous le choc d'une peur tonitruante. Nous avons remis le courant. Tu as repris ta lecture.

aux oubliettes
de ta bouche close et sèche
les fines papilles de ta langue
ce qu'on t'injecte pour nourrir ton corps
ne concerne plus tes sens

On mange tous ensemble, à heure fixe, autour de la table circulaire blanche.

Mon père parle à ma mère de ce qu'il a vécu dans la journée. Au cabinet, chez les clients, à la mairie, lors de fréquentes réunions où s'organisait le développement du territoire. Il se met en scène, raconte des anecdotes drôles, peut-être un peu arrangées, mais c'est ainsi que fonctionnent les bonnes histoires, non ? Il raconte aussi ce qui est difficile à entendre. L'exercice de la médecine rurale libérale est solitaire. A qui parler, sinon ? Les corps souffrants. Une annonce difficile. L'impossibilité de tout guérir, tout soulager, jamais totalement admise. D'autres fois c'est ailleurs, entre deux portes, un récit terrible s'échappe. Les deux jeunes motards tellement abîmés dans leur accident mortel que pour connaître leur sexe il a fallu ouvrir les pantalons. Cette jeune fille hurlante retenue avec force par deux pompiers bénévoles pour qu'elle ne coure pas vers la voiture en flammes où était bloquée sa famille. Ces mots dont mon corps résonne encore.

*oublié
par l'urgentiste
dans le désordre de la chambre bleue
ensaché
tâché
le pacemaker
sur la table basse*

Ma mère fait des bouquets. Elle utilise de lourds pique-fleurs japonais qu'elle place au fond des coupes. Pas besoin de cours d'Ikebana. Elle sait naturellement donner de l'harmonie à ses compositions, mélanger les couleurs, donner une courbure à une tige, choisir des feuillages pour porter à l'intérieur un peu de la vie foisonnante du dehors.

La pièce à vivre est spacieuse et lumineuse. Trois portes fenêtres aux voilages blancs ouvrent sur la terrasse et le jardin.

Au salon, des livres couverts de cuir dans les vitrines. Une Bible, un Coran. Le secrétaire où ma mère s'installe pour les comptes, les courriers. Un vaste pétrin ancien supporte le téléviseur. Des huiles au mur, achetées par mon père. Deux paysages de garrigue. Un extraordinaire portrait de don Quichotte, altier, regard au loin sous des sourcils froncés, chargé de l'énergie de la bataille, prêt à en découdre pour ses causes justes et folles.

Côté salle à manger, la belle table en bois sombre entourée de chaises paillées, sur un tapis à motifs orientaux. Table des repas de famille, rallonges tirées, chaises supplémentaires remontées de la cave. Ma mère, fine cuisinière, apporte ses plats fumants, découpe gigots, dindes, chapons,

longs saumons roses cuits sur le gaz à petit feu, avec les légumes du jardin.
La table a longtemps servi à ses travaux : couture, peinture, bricolages divers. Elle s'y installe maintenant pour faire des mots-croisés, lire la presse ou un roman.

teint blanc
cheveux gris
bouche peinte
le masque de ton visage
exposé
à la violente fraicheur des fleurs

Sur un mur de la salle-à-manger, une autre tapisserie de Jean Lurçat. Un jeune homme et une jeune femme portent des vêtements aux allures végétales. Elle est de dos, lui de profil. Au premier plan, quatre fleurs amplement ouvertes, au cœur en spirale. Des plantes vertes aux feuilles charnues. Un grand oiseau majestueux, coloré, ailes déployées. La femme contemple un vaste soleil rouge, à son lever ou à son coucher. L'homme est tourné vers elle. De la main, on dirait qu'il lui envoie l'oiseau.

Je pense à l'enfance et à la jeunesse de mes parents. A leurs baignades dans l'Arre. Aux explorations en forêt. A leurs sorties de Louveteaux. Aux côtes gravies à vélo. A la pêche dans des ruisseaux accidentés. Truites arc-en-ciel, petits vairons pour la friture. Pour elle, des séjours d'été dans une ferme sur un petit causse. La pêche en Camargue, encore sauvage. Sur une photo, jeune adolescente en short, elle tient avec fierté un long congre qu'elle a capturé dans des rochers de bord de mer. Pour lui, la neige, le ski au pied de l'Aigoual, le temps passé avec les météorologues entre les murs épais de la station d'observation. L'exploration de grottes labyrinthiques dans le calcaire des plateaux. Ils se sont connus dès le plus jeune âge. Enfances impactées par la violence de la guerre et de la Résistance dans le maquis cévenol.

moisson
de clés
sans portes
ce qui s'ourdit
au fond des héritages

Au-dessus du haut vaisselier de famille, ma mère a accroché au mur un long papyrus peint. Des heures de travail pour fabriquer les feuilles, les assembler, puis reproduire, avec finesse et précision, à la peinture acrylique, le modèle, dessins et hiéroglyphes. Certaines couleurs lumineuses diffèrent de l'original : elle a utilisé un vert vif, de l'orange, à la place du beige et du marron. Elle a repris une partie du Papyrus d'Ani, le Livre des Morts des Anciens Egyptiens, nommé à l'origine Le livre pour sortir au jour. Sortir des ténèbres, de l'oubli, de l'anéantissement, de la mort. La scène est dynamique. Les dieux font leur travail de dieux. Au centre, Anubis, à noire tête de chacal, pèse le cœur du mort qu'on lui amène, sur une haute et fine balance. Si le cœur est plus léger qu'une plume, le défunt est autorisé à continuer vers l'au-delà. Thot, le dieu à tête d'ibis, enregistre le résultat de la pesée. Derrière Thot se tient Sobek, le dieu à tête de crocodile.

Deux enfants morts. Le premier in utero. Expulsion laborieuse du corps inerte. A cette époque, le mari, même médecin, restait dehors. On se doutait d'une anomalie. L'échographie n'existait pas encore. On ne lui a pas permis de le voir. Je crois qu'il a mieux valu. Il a été tout de suite évacué. C'était un garçon. La tête ne s'est pas formée. On ne sait pas si l'hôpital a détruit le corps ou s'il a été conservé dans du formol pour un usage pédagogique. Très longtemps je n'ai rien su de cette histoire. Aujourd'hui, les parents de fœtus atteint d'une pathologie similaire sont accompagnés. Ils se regroupent en associations. Souvent ils optent pour l'avortement. Certains choisissent de mener la grossesse à terme. Courte vie. Ils peuvent donner un prénom. Procéder à des funérailles.

par strates, vider ses placards
momie de papier
ton gros ours en peluche jaune
un sarcophage au stylo bille
sur la forme ronde et bombée des oreilles, du nez, des yeux, du corps,
SNIFF !!!
onomatopée majuscule en épitaphe,
l'écriture de ton père, pour boucler la cérémonie

rituel maison pour adoucir
la fin d'une l'enfance

Deuxième grossesse. Une fille. Sur les photos, le bonheur de toute la famille. Elle est morte onze mois plus tard, très soudainement, d'une maladie virale. Mon père alors était à Cherchell, en Algérie, jeune médecin militaire pendant la guerre. Image de ma mère, seule, trouvant au matin le berceau silencieux. A moins qu'elle n'ait veillé la fillette et qu'elle soit morte dans ses bras, je ne sais pas. Silence. Effondrement. Elle a été enterrée dans le caveau familial. Mes parents ne visitent jamais les tombes. « Il n'y a plus rien. Ce qui est mort est mort. »

J'ai entendu parler de cette période après avoir trouvé une photo de baptême que ma grand-mère paternelle conservait dans un petit cadre doré, un peu cachée, mais quand même visible.

Comment, après ces deux déchirements, avoir eu la force d'engendrer trois autres enfants ? Un élément de réponse dans la phrase prononcée par ma mère dans la chambre d'hôpital vide, alors que mon père venait de mourir au bloc opératoire. Je n'ai plus ses paroles exactes en tête, mais elle a dit : j'ai réussi à dépasser la mort d'un enfant, là aussi je m'en sortirai. Une volonté tenace, une résistance, corps et esprit, toute entière tournée vers la vie.

la pièce-montée familiale
dégringole
aux pieds de l'enfant la plus jeune
puis remonte
entre sucre et larmes
entre routes et retours
creuse et solide

L'escalier intérieur débouche, au rez-de-chaussée, dans l'ancienne salle d'attente du cabinet médical. C'est une pièce sombre, sans fenêtre, autrefois éclairée par plusieurs lampes. On y range maintenant des romans, une collection de films sur cassettes VHS. Sur un mur, une affiche en sérigraphie : la Déclaration Universelle des Droits de l'Homme qui a longtemps été fixée dans le bureau de Maire de mon père. Les poteries berbères sur les murs viennent d'Algérie, comme les gros coquillages dans une vitrine du salon, le plateau de cuivre sur ses pieds pliants en bois ouvragé, instable table basse, et un tapis, roulé, rangé dans une chambre. Etudes finies, la guerre d'Algérie, il avait bien été obligatoire d'y aller. En tant que jeune médecin, moindre mal.

L'ancien bureau du cabinet médical est maintenant une salle de télévision, où ma mère s'installe chaque jour pour trente minutes de vélo d'appartement. Au mur du fond, un majestueux coq de Jean Lurçat, fond rouge, feuillages, plumes en spirales solaires. Vif, il donne encore de la voix dans cette pièce blanche d'où les paroles se sont envolées, ordonnanciers disparus, fauteuil, bureau affectés à d'autres usages. Sur un autre mur, un tableau d'une grande douceur, acquis par mon père. Assis, il pouvait le voir, face à lui : deux sœurs, jumelles, affectueusement enlacées, l'une entourant d'un bras les épaules de l'autre, une joue sur les cheveux, une main sur un visage. Humanité aimante et tendre, dans des tons bruns, marron, beige, où les silhouettes des deux femmes s'effacent presque, leurs discrets sourires sous leurs pommettes hautes, regard baissé de l'une, yeux clos de l'autre. Ce tableau me percute le cœur comme une frappe légère sur un fin tambour. Par un jeu d'identification double à ces visages identiques, je me sens aimée et aimante, consolée et consolante, dans un creux de soi si intime que les paroles n'y sont pas nécessaires.

voir
voir le corps
disent-ils parce que
il le faut
voir
voir le mort, voir la mort en face
ils ont maintenant les yeux qui brillent
les traits plus durs
pas plus avancés
pas plus reculés
le bois sec frappe
à chaque inspir
à chaque expir
jusqu'au silence

La deuxième pièce du cabinet médical est une la salle de soins aux murs sans fenêtres. On y entrepose des revues de voyage, de vieux livres scolaires, sur des étagères de bois, des fossiles, des pierres. Restent dans l'armoire vitrée du petit matériel médical, un haricot blanc bordé de bleu, des boîtes métalliques.
On n'ouvre plus les robinets de la paillasse bleue, mais le siphon délaissé s'est mis à sentir. Je trouve étrange que l'on nomme paillasse un meuble si froid, fait pour l'eau, le nettoyage, alors que la paille est si chaude, si sèche, si craquante.

Pendant quelques années, mon père a utilisé un appareil de radioscopie. Un jour où, encore enfants, mon frère et moi parlions fantômes et squelettes, nous effrayant l'un l'autre dans une escalade où j'allais sûrement perdre, mon père, dans un élan éducatif, a branché l'appareil et s'est placé derrière. Je me souviens de ce moment, mais plus du tout de l'image. Je ne revois que sa silhouette en ombre chinoise à l'écran. Impossible de voir les os.

Nous n'avions pas de contacts physiques. Sauf si j'étais malade. J'aimais quand il m'examinait l'oreille. Je m'asseyais sur le tabouret à vis, dont il réglait la hauteur. Je savais qu'il ne fallait absolument pas bouger, au risque d'abîmer le tympan. Il attrapait le lobe entre deux doigts, approchait tout près de ma tête son visage, un œil clos, l'autre sur l'otoscope. Presqu'aussi proche que pour un baiser sur la joue.

ta voix ton rire
flottent un instant autour
de la barbe douce de ton visage
puis tout s'efface
on croit que tu vas sortir, là, d'une pièce, et dire
encore
une blague, faire un jeu de mots
non

L'été, mon père confiait sa clientèle à un jeune médecin qui logeait au rez-de-chaussée de la maison, où se trouvaient deux chambres et une salle-de-bains. Mes grands-parents paternels s'y installèrent à la fin de leur vie.
Dans une des chambres, un vieux piano droit Erard, avec porte-bougies en cuivre et large siège canné. J'ai pris des cours, enfant, chez une dame âgée qui habitait une maison haute de la grand-rue. J'ai conservé les carnets où, après chaque leçon, elle indiquait d'une écriture appliquée les exercices à faire et une note, sur dix, au stylo rouge, évaluation de mon travail du jour. La porte vitrée du buffet de sa cuisine était couverte de cartes-postales. Puis elle a perdu la vue. J'ai pris par la suite quelques cours avec un agriculteur mélomane, qui dirigeait la fanfare du village. Il en élargissait le répertoire, proposait des morceaux à l'harmonie complexe. La fanfare répétait toutes les semaines. J'y suis allé quelque temps, crachouiller dans un clairon rétif. J'étais très dissipée. Je perturbais les leçons de solfège avec des vannes idiotes. Je me suis fait virer. Mon frère, plus doué, est passé du clairon au saxophone. Il a traversé le village au pas lors de quelques défilés du 14 juillet. Puis lui aussi a arrêté la musique.

Méditerranée
l'urne fond
dans l'eau
salée
comme ces bonbons de Noël
qu'on calait entre langue et palais
jusqu'à sentir le suc épais et doux envahir la
bouche
tu te noies sans bouche

Tout autour de la maison : le jardin. Domaine de ma mère. Vaste potager. Framboises, fraises, groseilles, tomates mangées sur place, mûres et chaudes de soleil. Massifs de fleurs, arbustes, pelouses. S'il m'est arrivé de retourner la terre, de désherber, de couper des fleurs fanées, de cueillir, d'arroser plantations et jardinières, je n'ai jamais pris goût aux exigences des plantes. J'aime la paix du jardin pour lire ou pour rêver.

Il y a eu des animaux. Pas les inutiles. De ceux qu'on élève pour leurs œufs ou pour leur chair. Des lapins dans des clapiers en ciment gris. On allait leur cueillir de l'herbe : hautes carottes sauvages aux ombelles blanches, séneçon aux petites fleurs jaunes, plantain aux tiges surmontées d'un petit cône noir. On leur donnait aussi de la luzerne sèche. Un boucher passait leur régler leur sort. Le sang gardé pour le civet. L'année de la myxomatose, j'ai assisté à leur terrifiante et mystérieuse transformation. Par la suite, ma mère a vacciné systématiquement toutes les portées.

soins palliatifs
tu souffles
soins palliatifs
arrêt
des traitements, prélèvements, aiguilles,
tâtonnements,
biopsie, vomissements, analyses, palpations,
poches
soins palliatifs
arrêt
des diagnostics
énigme de tes souffrances, de tes fièvres
soins palliatifs
tu souffles
longuement
regard
dans les yeux de ton fils qui comprend
t'embrasse
lâche ta main
deux heures encore
tu souffles
tu meurs

Nous avions installé des poules sous les cinq marches menant de la cuisine au jardin. Elles mangeaient de tout : relief de repas et épluchures, céréales. Il fallait régulièrement approvisionner le conteneur suspendu d'où s'écoulaient les grains de blé. Dans la réserve, on plongeait les mains dans le grand sac en jute dont on roulait les bords. Elles se recouvraient d'une fine poussière. Les grains roulaient sur la peau. J'en mettais un à la bouche, je l'ouvrais d'un coup d'incisives dans la fente médiane, pour en mâchonner la farine. Avec un récipient en métal, vieille boîte de conserve recyclée, je remplissais un seau. Petite musique des premiers grains sur le fond, puis froissement doux des dernières mesures. Il fallait ensuite porter le seau plein à travers le jardin, ouvrir la petite porte en décrochant le fil de fer tordu qui la retenait au grillage, descendre une marche de terre battue en veillant à ne pas se faire surprendre par les poules excitées qui semblaient se souvenir du bon goût des salades fraîchement repiquées. Poser le seau à côté du réservoir. Ecarter les becs avides. Transvaser peu à peu le grain. Avant de sortir, veiller à la présence d'eau. Prendre un œuf tiède dans le nid, à côté du leurre de plâtre.

ma mère dit
j'ai eu deux jardins
à ma mort
tout ce qui peut encore servir de mon corps
on le prélève
le reste
on le brûle
vous disperserez mes cendres
dans l'un
de mes deux jardins

Dans une haute volière, des pigeons se multipliaient, qu'il nous fallait plumer.
Sous la terrasse, des essais d'élevage de canards, qui sentaient mauvais, puis de dindons qu'on entendait de loin glouglouter à tue-tête.
L'été, le jardin donnait. Ses fleurs, ses fruits, ses légumes. Irrigué par un réseau de tuyaux noirs poreux d'où suintait l'eau qui les faisait croître, embellir, mûrir. Une profusion de feuilles, de couleurs, de goûts, de senteurs, à portée de main. Je lisais calée dans les branches d'un cerisier. Raflais les framboises au passage. Grimaçais sur l'acide des groseilles. Soufflais sur les fraises terreuses. Main verte et sens de la composition, ma mère faisait de chaque espace un petit monde. Vers la rangée des noisetiers couraient des écureuils.
Aujourd'hui le potager n'est plus qu'une pelouse sèche. Au fond, la rangée des kiwis s'accroche encore au grillage. Sur le talus, le cognassier fait rouler ses fruits jaunes dans le fouillis de l'herbe. La magie s'est resserrée dans la véranda neuve où fleurissent de hauts bougainvilliers rose vif, des fuchsias, des géraniums, dans des vases d'Anduze, tout un assortiment de fleurs colorées, de verts dressés ou souples. Des papyrus. Des salades, du persil, de la sauge, des radis, dans les jardinières fixées à la rampe de la terrasse.

aux derniers temps
de sa souffrance il a dit
j'ai peur de mourir
si jeune alors je n'ai pas répondu

Le village est étagé sur trois lignes, la rivière, la route départementale, le tracé fragmenté, par endroits caillouteux, de l'ancienne voie ferrée.

Je suis partie depuis longtemps. Demi-pensionnaire au collège dans une autre commune. Interne au lycée de la ville la plus proche. En résidence universitaire, ensuite. Puis d'autres villes pour le travail.
Des maisons ont été bâties jusque dans les recoins les moins ensoleillés. Je ne connais pas les jeunes générations.
Les hauts et vastes édifices de la période industrielle, usines à cheminées de briques, ancien tissage, ancien moulinage, ont de nouveaux usages. Une maison médicale. Un cinéma. Une crèche. Des boulodromes couverts, pétanque et longue, au sous-sol, à hauteur de rivière. La salle des fêtes, pour les lotos, les banquets associatifs. Des logements. Sur les murs de façade ont été reproduites deux immenses photos en noir et blanc : les ouvrières au travail, dans l'ancien fracas des métiers.

Mon école, l'école de filles, est devenue la mairie. Une fontaine a été bâtie sous les marronniers. Un groupe scolaire, mixte bien entendu, a été bâti ailleurs, aux normes actuelles.

Je fais visiter le village. Le quartier du temple, de l'autre côté du pont, le quartier de l'église à l'opposé. Deux cimetières. C'est la Toussaint. De retour de la forêt, nous entrons par la grille ouverte du cimetière protestant, attirés par l'éclat des chrysanthèmes.

Une femme aux cheveux blancs, en tailleur gris, est assise sur le rebord d'une tombe. Elle regarde au loin, vers les maisons du village, au-delà de la rivière.

Elle me reconnaît : elle me voyait parfois chez ma marraine lorsque j'étais enfant.

Puis sa parole se déplace vers d'autres souvenirs. Son frère a vendu la maison familiale. Une décision soudaine. Une perte. Je n'ai plus de maison ici, dit-elle. Quand je viens pour la Toussaint, je prends une chambre dans un hôtel à Valence, toujours le même.

Elle raconte encore. Un avion allemand longe la vallée, passe au ras des toits, mitraille les rues. Le pont est bombardé. Évocation d'une traque. Elle se cache avec sa mère sous les planches d'un parquet, longtemps, pendant que son père et son frère s'enfuient dans la montagne.

Je n'ai jamais été familière avec mes élèves, dit-elle, je ne leur montrais pas mes émotions. Pourtant, la première fois que les sirènes ont retenti toutes ensemble pour le test que l'on fait maintenant le premier mercredi de chaque mois, ils ont bien vu que je n'allais pas bien. La terreur toujours là, animal assoupi dans chaque cellule du corps, sur le qui-vive, mémoire de la guerre, mémoire de la traque, de la mort violente, imminente, ça ne vous lâche plus, c'est là pour toute une vie. Terre de batailles et de maquis.

chaque
absence
pour cause de
mort
à sa
propre
musique
que j'entends
mais ne sais pas
fredonner

Mes souvenirs d'enfance sont vivaces. Ils sont fait d'écorces, de courses dans les herbes, de pêches juteuses, de marrons grillés sur un feu entre quatre pierres, de vent dans les feuillages, d'herbe sous la plante des pieds, de plongeons dans la rivière, de vipères fuyantes, d'argile grise malaxée dans un champ, de mûres sur les ronces, de murets de pierres sèches, de l'air de la nuit libre de toute lumière, d'étoiles, de lune et de soleil.

Premiers pas dans le bois de Coucou. J'avais fait ma cabane dans le tronc évidé d'un vaste châtaigner. Il donne toujours de jeunes feuilles sur ses plus hautes branches. Un arbre neuf, d'une autre espèce, déjà haut, pousse à l'intérieur du vieil arbre. J'y pénètre à nouveau, cinquante ans après mes premiers jeux. Les pies, les geais, m'oublient, passent tout près, à leurs affaires de printemps, à leurs chants éraillés. Les deux troncs, les branches, s'entrecroisent, grosse patte pulpeuse, moussue frottant la jeune écorce qui se tord.

*chaque pas vers la lumière est aussi un pas vers
la mort
renoncer à la lumière n'éloigne pas la mort*

lumière

*ce matin
éclat sur le bol que tu rinces à l'évier
un regard –*

*lumière
halo
sur le trou noir, indéchiffrable, de la perte*

Ton père et ta mère, le plus beau couple du village, disait la rumeur, l'année de leur mariage.
Lorsqu'enfant je venais chez toi après l'école
dans l'appartement où vous habitiez près de l'usine
au bord de la rivière
les métiers à tisser tournaient encore avec fracas
tu allais étendre le linge à l'extérieur sous un toit de bois
nous traversions les potagers pour atteindre la plage de sable et nous baigner
des camions de transports internationaux tournaient au bas de l'usine, les chauffeurs nous ont appris nos premiers mots d'allemand
dans ta chambre nous dansions sur les Bee Gees, Eagles, et répétions les paroles de Michel Berger et France Gall.

*ton mari ne t'a pas laissé entrer
lorsque vous avez retrouvé ton père
dans cette cave
où
monté sur une chaise
une corde au cou
il s'était tiré un coup de fusil de chasse
en plein visage*

Au cimetière catholique se trouve la tombe de Gilberte. Nous allions ensemble à l'école du village. A l'adolescence, pour un chagrin d'amour, elle a avalé une grande lampée de désherbant agricole. Elle a appelé à l'aide, il n'y avait rien à faire. Le jeune médecin qui remplaçait mon père n'a pu qu'assister à sa douloureuse agonie.

Incrédule, sur les marches de l'escalier de bois de la maison de vacances, je relis la nouvelle de cette mort inscrite au dos d'une carte postale. Je n'ose pas encore l'annoncer à mes parents. Un blanc dans la gorge. Un trou.

*comme un congrès
d'araignées
la famille
serrée
concentrique
génère un fil
cicatriciel
à toute vitesse
à coup de cœurs ouverts
de présences denses
de silences longs
de paroles
et de rires*

Tout en haut du verger qui s'étend derrière la maison (aujourd'hui vaste champ de luzerne, le regard porte loin, on y surprend parfois le bond rapide d'un chevreuil), je trouvais de l'argile grise. Tendres, lumineux, tous les pêchers en fleurs ensemble, rose léger, branches fines dans la brise printanière. Je creuse, prélève une portion humide et molle. Je fabrique des petits pots, des godets bosselés, des figurines qui, en séchant, se fendillent, se brisent, partent en fragments poussiéreux.

Une autre fois, après de fortes pluies, je suis en bas du champ, derrière la maison et la haie de cyprès bleus. De mes pieds, je malaxe longuement la terre meuble détrempée. Elle s'adoucit, devient une pâte homogène, se liquéfie. Soudain, elle retient une de mes bottes. Mon pied droit ressort seul, en chaussette, dans le froid. Je tire à deux mains sur le bord de caoutchouc qui affleure. Bruit de succion. Je rentre vite, boueuse, remuée par ce baiser vorace de la terre trop caressée.

Un Noël j'ai reçu un jeu qui permet de faire des images extraordinaires. On pose une feuille cartonnée sur un plateau qui tourne très vite. On verse sur la feuille en mouvement de la peinture liquide de différentes couleurs. Entre eux, les coloris s'assemblent, gardent la trace du mouvement giratoire, coulent, s'étalent, font des aplats ou des lignes étirées. Se répondent, se mélangent. J'ai mis deux cartons de côté, les plus beaux. Je ne me lasse pas de les contempler, fascinée.

*cet air
sur lequel
aucun mot
n'accroche
ta mort*

*ta place à table
je crois m'asseoir
sur tes genoux*

*ta place à table
je crois m'asseoir
entre les formes mouvantes
de tes présences passées*

*ta place à table
mon regard
ce que tu as vu
définitivement*

*ta place à table
je ne coupe pas
le pain*

ta place à table
goûter mâcher déglutir
forcer le serrage
insuffler de sa vie
à la droite et à la gauche
des morts et des vivants
lumière dans les feuillages à la fenêtre
pour le dessert gâteau poire et chocolat

ta place à table
ne pas laisser la chaise vide
s'y asseoir pour le repas commun

marge des brisures

J'ai grimpé dans un haut cerisier chargé de fruits murs, en haut d'un champ, au bord de route. Je mange vite, avec une gourmandise béate, dévastatrice, pire que trois fois mon poids d'oiseaux à jeun. Un raclement de gorge appuyé fige mon geste de cueillette. Personne au pied de l'arbre. Personne sur la route. Fausse alerte, susurrent mes sens à ma raison, avec l'appui des cerises dodues, écarlates, juteuses. Je reprends ma dégustation. Un double raclement de gorge, encore plus sonore, peut-être plus proche. Je saute de l'arbre, dévale la route, en fuite, coupable et attrapée, le plus loin possible de cet homme invisible et mécontent. Je n'ai pas repéré sa cachette ce jour-là. C'était le propriétaire du champ, un homme gentil, un peu moqueur, un paysan petit, penché, aux mains épaisses, au regard pétillant. Comme il a dû s'amuser de me voir courir de peur ! Le cerisier n'existe plus. Sur l'ancien terrain agricole, trois villas modernes cachées par des clôtures opaques. Seul demeure un banc de bois vert, maintenant sans ombre, dans la courbe de la route.

La vitesse de l'arbre

En silence
elle tourne
la cuillère en bois
absorbée
elle tourne
longtemps
sur un feu
doux
comme son regard bleu
ça mijote
elle tourne
incorpore
sa presque rêverie
à la préparation.

Ce que nous dégustons
dans la première bouchée
c'est ce silence blanc
versé sur nos paroles.

Voisines

Sur son lopin de terre faire sa châtelaine
raser les pâquerettes
calmer les pissenlits
faire ravaler motte par motte
la terre aux taupes
découper un massif
recoiffer un saule
aligner
dresser
aplanir
étêter
délimiter
tenir la bride aux charançons
faire barrage aux fourmis
dézinguer limaces et limaçons
faire exploser les escargots sous le talon
écobuer
faire compost au fond d'un trou
faire propre
faire place nette
éclairer
goudronner
chasser les pies
grignoter une framboise
se repeigner
se laver les mains
sortir proprette
soigneusement
refermer le portail à clé.

A pleine mains dans la terre meuble
bêcher
sortir de gros vers blancs les donner en pâture aux poules
bons œufs gras au jaune vif
trier, couper, tailler, trimer
faire prendre
admirer
suer
la terre est basse
épandre du fumier
fleurir
marcotter, bouture
souffler
entrer de plein fouet dans la broussaille
cisailler
se faire griffer
parfums des roses anciennes, des rabissanes
livrer bataille aux herbes
écobuer
faire prospérer les peaux violettes, rouges,
marbrées, les tiges, les tubercules, les petits fruits
se donner au jardin qui donne
perdre la limite entre corps et terre,
entre corps et air, temps, nuages
s'unir, c'est physique, aux réseaux secrets,
intérieurs extérieurs, qui irriguent, font pulser,
croître, embellir, murir
être sur son lopin de terre comme une lune vive.

j'ouvre les yeux

faille dans le mur
longue fente jusqu'à la plinthe

une larme de nervosité
épaisse et lente
descends le long de ma joue

mes bras en arc vibrent

mon corps est droit
stable

j'ouvre la porte du frigo
je suis frappée par la beauté d'une poire
jaune, penchée, tige épaisse en contraste brun sur
la peau jaune fine, un peu écorchée

quelque chose en nous a changé

un travail de la lumière du grand nord

l'immensité des forêts
la marche délicate des rennes

quelque chose s'est déplacé

je photographie des fenêtres

je voudrais photographier des visages
comme celui
de cette femme pressée
longs cheveux secs bruns et blancs
un geste de mâchoire
la fait soudain ressembler
à un cheval

question
à la verticale
de l'oubli

où penchera ton rêve ?

de quel port détrempé, vers quelle crête
éphémère ?

entre ciel et mer

trois livres
dans les poches arrières du jeans
il grimpe le chemin caillouteux
je vois tanguer
le liseré des pages, la couleur des jaquettes
je me demande
ce qui monte avec lui

barrière
celui qui se contemple
sans se savoir poreux
barrière
celui qui se contemple
sans contempler
le monde

longuement
l'enfant
jette des pierres dans le lac
attentif à ce qui
continument
s'ouvre et se ferme

sa mère un jour a brûlé ses écrits
pan perdu de la mémoire
violence du taire
ce récit rejoint
les trous noirs intérieurs
évidés par nos pairs

épaule
ronde
anches et élytres
ce bruit de soie
que tu traverses
quand je pleure

sur cette épaule
ronde
où passent l'air et le jour
où tremble ce temps de soir d'avant le vent

sur cette épaule
ce creux plein
cercle corral de deux bras
où cavalent
mes montures affolées

heurts et silence

jour ordinaire

tu ne sais
pas
d'où vient
le sang
soudain
là
comme un trop plein
de sucre

enfantines sutures
ouvertes sur le jour
de dents blanches
de lèvres rondes

berceuses grippées
colle
aux nerfs

l'ongle
sur la vitre
retient un autre son
gris
qui te perce

souple
entre les arbres fins
dos brodé de perles minuscules

infiniment précis
infiniment rouge

petit singe d'or accroché au cou

perdue comme au fond d'un loch à elle seule accessible

jambes pendantes au bord du banc, l'enfant

quelques heures muettes, détachées

entre la rivière et l'arche flotte le vide

ce matin ma tranche de pain avait la forme de l'Afrique
je l'ai beurrée
couverte de miel
je l'ai mangée
j'ai pris un petit stylo plat en plastique offert par le WWF, avec un petit panda dessiné sur le côté
j'ai écrit : « j'ai mangé l'Afrique » - avec zèbres, rhinocéros, mines, fleuves, déserts, guerres, famines, danse, fétiches, morts et vivants
puis je suis parti au travail

oreille gauche
dans l'eau de la baignoire
j'entends
les pas précipités de la voisine du dessous
lentement
l'eau du bain
refroidit

corps
dans les gestes du matin

merci de confirmer votre présence

lèvres, langue, dents, joues, ça mâche
corps ça remâche un rêve mal lavé mal accroché

corps mouillé nu savonné rincé parfumé

merci de confirmer votre incarnation qui semble
de moins en moins certaine

corps habillé de circonstances propre semblable
innocent

merci de confirmer que vous êtes bien là

corps dans le train un livre ouvert transport
sommeil c'est encore loin tous les matins c'est
encore loin cette fois c'est encore loin hier c'est
encore loin

merci de ne pas disparaître

corps en saluts automatiques
merci de composter votre arrivée en claquant des
lèvres sur la joue de vos collègues

corps au travail

merci de continuer

assis
immobile
sur le muret
il contemple
la vitesse
de l'arbre

lac
s'asseoir
où rien ne se passe
attendre
que ce qui se passe
monte à soi

passereaux, corbeaux, mouettes, un chien en laisse
au loin un rameur sur une fine embarcation rouge,
voilier à contre-sens, surface à peine ridée

plaques d'eau presque blanches, nuances de gris,
de bleus

œil surface, point de friction entre eau et lumière,
tentative de décryptage des reflets
alchimie douce, insistante, têtue

duplication des coques dans la vibration du port

ça tremblote – presque rien –
masse magnétique

ce poids
comme un os fluide dans la charnière de terre
un tambour mat
ça s'absorbe, se résorbe
ça se diffuse, aspiré par l'espace

le ciel s'ouvre et se ferme, nuages incertains,
assemblage de flottaisons blanches, bleues, grises

lorsque le blanc s'affirme le lac laiteux est une sourde oreille

lorsque le bleu s'affirme le lac se rétracte, perd quelques-unes de ses voix

c'est dans les gris qu'il parle le mieux en ses multiples langues,
chante ses textes d'eau et de lumière, à la manœuvre de flux très intimes,
répète encore, ressasse, jusqu'à ce que, saisi, tu entendes cette eau, au fond

– signal incertain – promesse de paix ou risque de retournement – menace, le lac, peut-on s'y fier ? – apaisement – ce fluide froid et luisant porté par la paume entamée de la terre.

marcher

écarter les rideaux de pluie
feuilles trempées
ce que l'on cherche – sorbiers, fruits murs

adopter le silence multiple de l'arbre percé

déchirer des lambeaux de soleil

qu'espère-t-elle ?
une chute, un estuaire
un sol où ensabler les racines de la patience

ils marchent
c'est une histoire qu'on garde en soi
ils marchent
c'est ce que l'on ne peut pas perdre

lumière au ventre comme un grand saladier de cerises

lecture collective
ancienne tradition saisonnière
renouvèlement
symbolique et corporel
de nos intemporelles
gratitudes

ce qui nous est confié
la faiblesse
le non-sens
la solitude
l'effroi de la joie
l'enfant
la douleur
le monde qui faiblit
l'ardeur solaire
la joie
l'enfant
les rabat-joie
le vif du poème

pâle neige nocturne
un filet d'eau
s'épanche du reflet de la lune
des cristaux craquent
aux branches des épicéas
un pas crisse
s'efface
dans la parenthèse de ta marche
un nouveau jour suspendu
enchanté, déchanté
tu te voudrais
hibou

Zone de stationnement

assis
fauteuil club cuir
bras craquelés, ridés, secs
volutes d'un tissu indien
contre les reins
au petit jour il regarde
le renflement noir d'un pneu
fiché sur un plot de béton

passent peu importe formes bipèdes chiens
collégiens gens de voirie ménagères rien

stationnement interdit il scrute
le panonceau au graphisme noir
la dépanneuse schématique
levant haut l'avant d'une voiture
anguleuse

la flèche suis l'ombre du réverbère blanc

jusqu'au soir
un pneu noir fiché sur son plot de béton
la flèche en sens unique
la promenade immobile des pictogrammes

Ligne 60

aller au centre d'art plastique à Saint-Fons

lire les nuages
deux enfants sur les genoux
juste avant la nuit
on classe l'abécédaire
dans les champs l'espace

trois peupliers blancs de plâtre
contre un silo
elle attrape le premier bus
pour le ménage des bureaux

anneau de feuilles
autour de l'îlot
grappes d'oiseaux noirs
reflets violets
bus de banlieue
un soir d'automne
matières en transit
hangars, tours, grues,
des camions aux phares blancs
port fluvial au tomber du jour
un bus, deux cygnes, trois colverts
l'eau au loin, au noir, déjà

l'enfant dans le bus
tient la main de sa grand-mère

qui tient la barre poisseuse
le cartable est au sol
droit devant la grand-mère ne regarde rien
l'enfant contemple le flou des lumières du port sur
la vitre embuée

descendre rue de Sète,
marcher près des installations industrielles
ne rien désirer

Orange, jaune, blanc.
Damier translucide. des carreaux épais qui
éclairent la chapelle.
Rien ne parle.
Rien ne me parle.

Mon cœur compte le temps qui s'allonge.
Le sang s'étire.
Mes paumes chaudes tiennent en leur creux
une palpitation.
Un banc de bois craque.
Ma peau grandit dans l'enveloppe de pierre bâtie
pour accueillir notre vaste désir de terre et d'au-
delà.

Rien n'est dit.
Les paroles ricochent sans écho sur mes os,
n'engendrent que silence.

Dans l'église haute de Rocamadour des dizaines de moineaux, des hirondelles, volent et pépient. Des pèlerins cherchent pitance d'espoir et d'équité.

Rien ne parle.
Rien n'est là
hormis mes fesses sur un banc dur
ma patience
mes yeux ouverts
mon souffle.
Toi, plus loin, tu prends quelques photos.

J'ai l'absence de piété d'une quêteuse de nid, de pierres vieilles et lourdes sous les pas, de voûtes hautes pour un rêve qui crève le ciel, qui crève la lune et les étoiles,
pour un rêve
qu'aucune parole ne condense
qu'aucun chemin ne borne
pour ce rêve large qui tourne haut autour de l'axe de mon tronc, arbre de silence où s'égarent les sons vitaux de mes organes, la parole obtuse de mon souffle, l'insaisissable poème qui monte de mes mains, pépie comme un oiseau, s'échappe par le vantail ouvert sur d'anciennes statues.

Ils disent
s'asseoir
Ils disent
en silence

ce qui te traverse
ne fait pas de bruit
une tendresse comme un brouillard
s'étend
au cercle inégal des méditants

chaque son fait silence
une toux, la chaise qui craque, un genou qu'on déplie

le tintement du bol en voûte sur les têtes
chacun cherche
le fil
ténu
où se tenir
d'aplomb
entre dedans et dehors.

La pluie nous a rejoints d'un souffle de gouttes
Nos paroles sont tombées trop lourdes entre les herbes
Il restait un col à franchir
La roche est devenue métal et a changé de voix
Timbre de hache, cognée contre le ciel
L'orage a tourné, noir, sans éclater
Le souffle peinait à monter dans nos gorges
Air trop dense, visages fermés. Jusqu'à l'éclaircie, un changement de vent, le retour d'un oiseau.
Nous portons jusqu'au refuge un peu de cette peur tombée du silence noir et dense de la montagne.

Nous marchons
silence accroché à nos souffles
comme ces fumerolles
brouillards montant de la vallée avec le jour
chaque pas
est parole sur le sentier
nos corps en connaissent
le sens de longue haleine.

Je suis un arbre
Mon système racinaire s'entremêle
Aux souches taillées du passé
Certaines captent encore la lumière
D'autres sont sèches et rongées par l'oubli
Parents perdus, anciens amants
Frères, sœurs, amis,
Enseignants ou modèles
Héros de papier ou de chair

Le ciel est ma charrue

Tes ramages, mon présent

Ma clairière est ton chant
Ma nuit ton abandon
A nos écorces pleines

La pluie, le vent, l'écureuil
Témoignent
Pour nous qui avons signé l'acte ancien
Des fidélités humaines
Réconciliés avec la terre vive
Qu'elle soit prairie ou champ
Parc ou jardin
Mémoire en friche
Forts et fragiles
Nous nous aimons